AF259642

LES SOLDATS

Qu'est-ce que l'armée? l'armée de la France? l'armée des trois couleurs, des trois principes de 89 : Liberté, Egalité, Fraternité ?

Est-ce le peuple armé? le peuple debout dans sa force comme dans son droit? chacun son vote, son champ et son arme? une défense?

Non. C'est le paysan armé. L'armée est le paysan qui tue, comme l'empire est le paysan qui vote. La force debout contre le droit. La Révolution à l'envers. L'armement des aveugles aux ordres d'un tyran. La revanche de la classe la plus forte, la plus humble et la plus pauvre. Le paysan a le vote et l'arme, et n'a pas le champ. On a semé le paysan, on récolte le soldat.

Pauvre armée ! Sa Liberté est la consigne. Son Egalité le sou. Sa Fraternité le chassepot.

⋆
⋆ ⋆

Qu'est-ce que le drapeau ?

Est-ce un chiffon de soie pendu au bout d'une perche ? et sans plus de sens que sa couleur, blanche avant 89, et tricolore après ?

Non, n'est-ce pas ? Le drapeau, c'est la France.

Et qu'est-ce que la France ?

Un morceau de terre sous tel degré de latitude, produisant tant d'hectolitres de grain et de vin pour nourrir tant de bipèdes ? et un peu d'huile avec, pour sacrer le plus ......?

Non, n'est-ce pas ? La France est la terre du droit, la mère de la Révolution, la patrie de ces grands principes de 89, reconnus aujourd'hui comme dogmes par toute l'humanité.

La France au moyen âge s'appelait le soldat de Dieu ; en 89, le soldat du droit. Aujourd'hui, le soldat d'un homme. Pauvre France !

France de 89, où vas-tu ?—En Italie. — Quoi faire ? — Chasser l'Autrichien. — France de 89, où vas-tu ? — En Amérique. — Quoi faire ? — Porter l'Autrichien. — Drapeau de la Liberté, où vas-tu ? — A Rome. — Quoi faire ? — Tuer les Romains qui ne veulent pas de pape. — Drapeau de l'Egalité, où vas-tu ? — Au Mexique. — Quoi faire ? — Tuer les Mexicains qui ne veulent pas d'empereur. — Drapeau de la Fraternité, où vas-tu ? — A Ricamarie, à Aubin. — Quoi faire? — Tuer les Français qui veulent du pain !

Mais ces Français sont des frères ! de pauvres ouvriers affamés ! Drapeau du peuple, tu ne sais plus ce que tu fais, ni ce que tu es! Tu oublies que dans tes couleurs il y a celle du travail, le bleu, un morceau de la blouse ! et tu l'as remplacé par un morceau noir, un pan de soutane ! Tu portes aujourd'hui, dans tes plis si radieux jadis, des menottes et des rosaires, des carcans et des chapelets! Drapeau libérateur, depuis vingt ans, tu es le drapeau de la servitude, de la nuit et de la mort!

*
* *

Qu'est-ce que la croix d'honneur?

Un morceau de chrysocale n'ayant d'autre valeur que la pension qu'il donne?

Non, n'est-ce pas? C'est le symbole du sacrifice de l'individu à la masse; symbole emprunté à cette foi chrétienne qui a fait de son Dieu mourant pour tous le type du dévouement, et de sa croix d'opprobre l'emblème de l'honneur.

Eh bien! décoré de Décembre, d'où viens-tu? — De gagner la croix d'honneur en soutenant le parjure, l'ambition, l'usurpation, la tyrannie d'un seul contre tous.

*
* *

Qu'est-ce que l'aigle impérial?

L'oiseau de la Rome païenne, des fauves enfants de la louve, l'enseigne de ce peuple de guerre et de vol. Qu'est-ce

qu'un peuple représenté par une bête ?
et quelle bête ! ni l'art ni le chant, — la
force brute, taciturne, solitaire ; une
bête de meurtre et de rapt, le tyran de
l'air, un sale oiseau, vivant dans son
charnier au milieu des ronces et des
ruines et ne sachant pas même faire son
nid ! La France de 89, la France de 48,
la France du droit, du travail, du pro-
grès et de l'humanité, représentée par
quoi ? par un oiseau de proie.

Soldat de l'aigle, entre en vainqueur
dans cette chaumière d'Aubin ! Voilà
des orphelins et des vieillards, un pauvre homme usé comme ton vieux père,
une pauvre femme minée comme ta
vieille mère, des outils oisifs, et le pain
absent. Repose-toi à ce foyer vide qui
te crie dans son silence : « Pauvre Caïn,
qu'as-tu fait de ton frère ? »

Qu'est-ce enfin que la colonne ?
Signe de gloire et de victoire ? De
quelles gloire et victoire ? Celles de Bay-
len et de Waterloo ? Que veut dire ce

trophée, ce monument de la force contre le droit? Gloire de sauvage? Victoire de Peau-Rouge? Quoi! soldat, dans tes duels ordinaires, si par malheur tu blesses ou tues ton frère, élèves-tu une colonnette dans ta chambrée, un trophée à ta gloire, un monument à ta victoire? Non, sans doute. Tu laisses au sauvage l'orgueil féroce de pendre à sa tente la dépouille du vaincu. Pourquoi donc être fier de faire comme peuple ce que tu ne fais pas comme homme? Pourquoi fais-tu, comme civilisé, ce que tu reproches à l'Indien?

Soldat de la colonne, entre en vainqueur dans cette chaumière étrangère, pareille à celle où tu es né! Là, même besoin, même patience, même travail, même misère, même ennemi, le maître. La gloire n'est pas de servir son maître, mais de le combattre; et cette gloire-là n'a pas besoin de bronze; elle vit éternelle dans le cœur des hommes libres.

*
* *

Et toi, soldat, toi-même enfin, qui es-tu? et que fais-tu?

Que fais-tu?

Pendant les dix meilleures années de ta vie, désœuvrement et destruction! t'entretenant la main sur le Français en attendant le Prussien; puis tuant le temps après les hommes, astiquant le fourniment, t'hébétant sur une bande de cuir et sur un bouton de cuivre, dépensant ton sou en cire et cirage, ta journée à frotter la giberne et le fusil, à tourner sans cesse dans le même rond de corvées, comme le cheval aveugle attelé à une meule. Aucune perspective, aucun stimulant, aucune promotion possible, ni l'honneur, ni les honneurs, car l'Europe refuse la guerre à l'empire, comme la France lui refuse l'émeute. Plus de grosses épaulettes à gagner dans les rues de Paris; plus de fiefs en Europe! Pas plus de Murat que de Saint-Arnaud! Plus d'avenir pour ces traîtres qui trahissent France et Liberté au prix de couronnes dont rougirait Judas! Pour tailler des royaumes en Europe, il faut l'épée de Brumaire, et Décembre n'a qu'un poignard.

*
* *

Qui es-tu?

Enfant du peuple, sorti du peuple pour rentrer dans le peuple! Ouvrier de la paix devenu ouvrier de la guerre, en frac ou en blouse, au clairon comme à la cloche, à la caserne comme à l'atelier, salarié partout, misérable partout, esclave partout, portant la livrée, non l'uniforme, soldat non de la France, mais d'un homme! soldat du pape comme de l'empereur, faisant rendre à Dieu et à César ce qui appartient au peuple, armé contre le peuple, tuant le peuple qui te nourrit, tuant ton propre frère, s'il trouve que c'est trop de travailler pour deux, pour lui et pour toi, et de n'être pas même payé pour un. Fais *merveille!* Plus tu tueras, plus tu seras décoré et pensionné aux frais des survivants. Mais si tu as le malheur de parler au peuple, tu mourras en Afrique avec les Bédouins mangeant leurs enfants, au cri de : Vive l'empereur!

*
* *

Compare ce que tu es à ce que tu étais !

Sous l'empire, conscrit.

Sous la République, volontaire.

Sous l'empire, aucun droit d'élire tes chefs ni tes représentants. L'épaulette de laine et le sac de cuir, la guillotine sèche d'Afrique ou celle des quatre sergents de La Rochelle. Corps d'élite, gardes et cent-gardes, priviléges et faveurs pour les soldats de cour, comme si le prolétaire de la ligne ne valait pas l'aristocrate de la garde !

Sous la République, l'égalité armée, le droit d'élire chefs et représentants librement, d'envoyer quatre sergents non pas à l'échafaud, mais à la tribune. En dix-huit siècles de monarchie, deux soldats seulement, promus maréchaux, Fabert et Chevert; en deux ans de République, toute une pléiade de héros, l'honneur éternel des armes françaises : Hoche, Marceau, Kléber, Desaix, Jourdan, etc., etc., de quoi faire une armée de généraux.

Sous la République, quatorze armées de patriotes, armée du Rhin, armée de Sambre-et-Meuse, armée d'Italie, etc., la France sur pied.

Sous l'empire, des corps : 1er, 2e, 3e corps..., les mots disent les choses, des corps... ayant leur âme au Louvre, belle âme! des troupes ou troupeaux, des machines, formées de quoi? d'*hommes?* non, de douze cent mille *baïonnettes*, deux cent mille *chevaux* et deux mille *canons*.

Sous l'empire, une armée permanente, coûteuse, ruineuse, mal nourrie, mal payée, mal contente, au prix de huit cents millions, prix insuffisant à donner l'ordinaire au soldat, et l'épaulette au sous-officier sans fortune, ne pouvant nourrir le grade et annulant ainsi le principe d'égalité.

Sous la République, armée civique, en congé dans la paix, permettant de réduire les frais de la guerre, de doubler la solde des chefs, de leur rendre ainsi tous les droits de l'homme et du citoyen, de les affranchir de la gêne et du célibat, de leur rendre patrie, famille et liberté.

Sous la République, armée invaincue, invincible; la patrie en danger, mais sauvée; le Prussien arrêté aux Thermopyles de l'Argonne et chassé de Lille et de Verdun! la France reprenant ses frontières, Alpes et Rhin, lançant au delà ses laves républicaines sur tous les vieux trônes, révolutionnant le monde, républicanisant l'Europe, créant les républiques batave, romaine, napolitaine, à l'image de la République française; la liberté faisant au pas de charge son tour d'Europe et parlant français partout, de la Sicile à la Hollande.

Sous l'empire, le cosaque deux fois à Paris! le cheval du Don buvant l'eau de la Seine et de la Loire! l'étranger entrant, restant, sortant à son gré, nous laissant les rois et emportant nos droits, nos biens, nos arts, nos vaisseaux, nos colonies, nos provinces et notre honneur.

O soldat français! sensitive de l'honneur, toi qui défends l'honneur et la grandeur de la France, ô *brigand de la Loire !* à quelle épreuve les deux empires n'ont-ils pas soumis ton orgueil militaire ? Le premier à Waterloo, le second à Mexico ; le second surtout, brave avec les faibles, couard avec les forts, lion à Rome et lièvre au Rhin, redoutant Bismark, fuyant Seward, laissant Maximilien mort avec cet ordre de la police américaine : Défense de déposer des empereurs au long de la République !

La République, en effet, c'est la force, parce que c'est le droit. Les libres sont les forts : les peuples qui ne savent pas défendre leurs droits , ne savent pas défendre leur sol. C'est sous l'empire que nous, Français, nous avons vu l'ennemi héréditaire, l'ennemi de notre principe national, l'ennemi de notre égalité française, l'aristocrate Anglais, nous vaincre, nous dominer, nous gouverner partout, au Canada, à Port-Louis, et jusque dans les eaux de Coutances, à Jersey, triomphant de la France, parce que tu as triomphé de la Liberté !

Vainqueur de la Liberté, vaincu de l'étranger! La première armée du monde, l'armée de la Révolution française, l'armée de 89, l'armée d'Italie, formée de volontaires, partie au chant de la *Marseillaise* pour défendre partout la souveraineté du peuple, pour défendre la France et délivrer l'Italie, que devint-elle sous le fondateur de l'empire, sous cet étranger, sous ce Corse, qui en reçut le commandement pour dot de sa femme, l'amie de Barras? Cette armée devint une horde de flibustiers, de conquérants, pillant Milan, vendant Venise, dépouillant le peuple, restaurant le pape, alors comme aujourd'hui; bref, l'exécration de l'Italie dont elle avait été l'espoir.

Quelle fut la première proclamation de cet aventurier de trône à ces sansculottes combattant pour la liberté? Leur dit-il: Vous êtes l'armée du droit, l'armée de la France, l'armée de l'humanité; luttez, souffrez, mourez pour délivrer les autres comme vous-mêmes... les peuples sont solidaires comme les rois?

Non, avec un cri d'aigle et un instinct d'oiseau de proie, il leur dit : Regardez là-bas dans ces villes; vous n'avez pas d'habits, pas de souliers, pas d'argent, en avant! Tombez là! En avant! Là est l'argent et l'or, là est le butin; et ils descendirent à cette voix de bandit corse, sous ce souffle d'égoïsme et de mort! Ils apprirent dans Milan à vaincre Paris.

Tout le dix-huit brumaire est dans cette proclamation.

Mais Sainte-Hélène aussi !

Quelle expiation, pour tous ! L'armée fut trahie par son chef en Egypte, en Russie, à Leipsick, à Waterloo, et le chef trahi par l'armée ! Ses complices furent ses bourreaux. Les Marmont et les Augereau vengèrent Paris et Milan à Fontainebleau. Ceux qu'il avait instruits à trahir la Liberté, trahirent le tyran ! C'est juste.

Comme Brumaire, Décembre aura son expiation.

★
★ ★

Un gendarme a dit : Nous allons rendre la parole à l'armée.

Qu'est-ce à dire?

La tolérance cache-t-elle un autre coup d'Etat? Y a-t-il encore dans l'armée un reste pétrifié de Décembre, gardant les traditions des coups d'Etat, l'honneur des Saint-Arnaud, la gloire des Espinasse, prêt à se tailler encore des bâtons de maréchal dans la forêt de Morny? Les monstres au moral comme au physique sont rares. On n'a jamais vu deux générations de parricides! Ni le peuple ni l'armée ne se prêteront à ces exceptions! La plus subtile des forces, la lumière, passe à travers la lucarne des guérites. Nouveaux électeurs et nouveaux soldats! Les paysans même de Colombes commencent à comprendre que la Révolution leur donnera le champ! et ils votent pour les irréconciliables, même inassermentés. Nous n'avons plus besoin d'être sauvés. Nous aurons le courage d'épargner nos vies et celles de l'armée. Nous ne voulons plus ni vainqueurs ni vaincus dans la même patrie. Nous ne voulons plus verser le sang français en France au profit de la tyrannie. Il est trop précieux par ce qu'il représente dans le monde, et nous n'en avons pas de trop pour la Liberté ! Plus d'*extinction du paupérisme* par la mitraille, plus de chair au canon, plus de sang au chassepot ! Ni *merveilles*, ni *glorieuses!* Nous rendrons pacifiquement à la France la couronne que Décembre lui a prise. Nous n'avons plus que trois sommations légales à lui faire pour cela : refus de l'émeute, refus de l'impôt, refus du service militaire et civil. Et s'il envoie, comme il en menace, quatre hommes et un caporal pour arrêter la Révolution, les soldats de la Révolution, nés sous la République de 48, portant la cocarde de 89, arrêteront la tyrannie, en embrassant le peuple, au nom de Liberté, Egalité, Fraternité! L'armée sera le salut.

FÉLIX PYAT.

Paris, impr. Balitout, Questroy et C°, 7, rue Baillif.